LAS CIENCIAS FÍSICAS

LA ELECTRICIDAD

KATHLEEN CONNORS

TRADUCIDO POR ALBERTO JIMÉNEZ

 Gareth Stevens
PUBLISHING

EN CONTEXTO

Please visit our website, www.garethstevens.com. For a free color catalog of all our high-quality books, call toll free 1-800-542-2595 or fax 1-877-542-2596.

Cataloging-in-Publication Data

Names: Connors, Kathleen.
Title: La electricidad / Kathleen Connors.
Description: New York : Gareth Stevens Publishing, 2019. | Series: Conoce las ciencias físicas | Includes index.
Identifiers: LCCN ISBN 9781538227664 (pbk.) | ISBN 9781538227657 (library bound) | ISBN 9781538227671 (6 pack)
Subjects: LCSH: Electricity--Juvenile literature.
Classification: LCC QC527.2 C66 2019 | DDC 537--dc23

First Edition

Published in 2019 by
Gareth Stevens Publishing
111 East 14th Street, Suite 349
New York, NY 10003

Translator: Alberto Jiménez
Editorial Director, Spanish: Nathalie Beullens-Maoui
Designer: Samantha DeMartin
Editor, Spanish: María Cristina Brusca

Photo credits: Series art Creative Mood/Shutterstock.com; cover, p. 1 ESB Professional/ Shutterstock.com; p. 5 (lights) Roman.Volkow/Shutterstock.com; p. 5 (subway) elbud/ Shutterstock.com; p. 5 (phone) MH-Lee/Shutterstock.com; p. 5 (outlet) wernimages/ Shutterstock.com; p. 7 oorka/Shutterstock.com; p. 9 (lightbulb) Jag_cz/Shutterstock.com; p. 11 Comaniciu Dan/Shutterstock.com; p. 13 Verushka/Moment/Getty Images; p. 15 Ake Wa/Shutterstock.com; p. 17 Education Images/Universal Images Group/Getty Images; p. 19 (battery) VectorShow/Shutterstock.com; p. 19 (lightbulb) eHrach/Shutterstock.com; p. 21 haryigit/Shutterstock.com; p. 23 (wind turbines) charmphoto/Shutterstock.com; p. 23 (solar) Wang An Qi/Shutterstock.com; p. 23 (nuclear) Martin Lisner/Shutterstock.com; p. 23 (coal) Kalman/Shutterstock.com; p. 25 Romaset/Shutterstock.com; p. 27 Sergey Ryzhov/ Shutterstock.com; p. 29 Ratchanee Sawasdijira/Shutterstock.com; p. 30 (icons) Lemberg Vector Studio/Shutterstock.com.

Printed in the United States of America

CPSIA compliance information: Batch #CS18GS: For further information contact Gareth Stevens, New York, New York at 1-800-542-2595.

CONTENIDO

Las palabras del glosario se muestran en **negrita** la primera vez que aparecen en el texto.

EL FLUJO ELÉCTRICO

La electricidad es importante en la vida cotidiana. Con ella calentamos e iluminamos casas, usamos computadoras y dispositivos domésticos, e impulsamos autos o trenes. La electricidad no se ve porque consiste en el flujo de **partículas** muy pequeñas, los electrones.

SI QUIERES SABER MÁS

Los primeros en estudiar la electricidad fueron los **antiguos** griegos.

5

PONGÁMONOS ATÓMICOS

Todo en la Tierra está formado por átomos. Las partículas llamadas *protones* y los *neutrones* componen el núcleo, en la parte central del átomo. Las partículas llamadas *electrones* se mueven alrededor del núcleo. Los protones tienen carga eléctrica positiva, mientras que los electrones tienen carga eléctrica negativa.

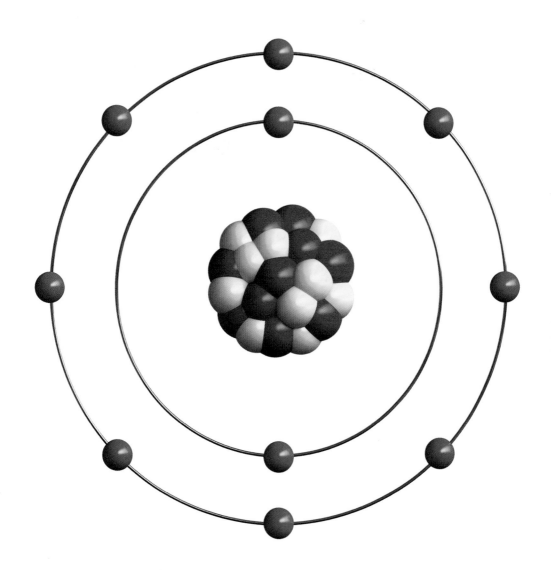

**PROTONES** **NEUTRONES** **ELECTRONES**

SI QUIERES SABER MÁS

Los neutrones son neutros:
carecen de carga.

7

Las cargas iguales se **repelen**, las opuestas se **atraen**: las cargas positivas y negativas se atraen mutuamente. Eso significa que un electrón puede ser extraído de un átomo. Cada vez que los electrones se mueven de esta manera, ¡se genera electricidad!

SI QUIERES SABER MÁS

La mayoría de la materia no tiene carga, lo que significa que el número de protones con carga positiva y el de electrones con carga negativa son iguales.

9

¡ESTÁTICA!

La electricidad estática ocurre cuando el número de electrones y de protones en un objeto no está equilibrado. Las cargas se acumulan y necesitan ser **liberadas**. ¡A veces salta una chispa cuando un objeto sin carga toca otro con carga!

SI QUIERES SABER MÁS

¿Te frotaste alguna vez los cabellos con
un globo y se te pusieron de punta?
¡Se debe a la electricidad estática!

11

LA CORRIENTE

Cuando muchos electrones se mueven, es una corriente eléctrica, un flujo de electrones que se desplaza, o fluye, entre dos puntos. La corriente continua (CC) es una corriente eléctrica que discurre o fluye en una sola dirección. La corriente alterna (CA) cambia de dirección muchas veces.

SI QUIERES SABER MÁS

Una corriente eléctrica se desplaza desde la central hasta los hogares a través de cables. Cuanto más grueso es el cable, más corriente puede fluir a través de él.

13

Los puntos entre los cuales se mueve o fluye una corriente eléctrica tienen voltajes diferentes. El voltaje es la fuerza que hace que los electrones se muevan. A la electricidad le gusta pasar de un voltaje más alto a un voltaje más bajo. La tensión se mide en voltios, o la cantidad de fuerza que hace fluir la corriente.

SI QUIERES SABER MÁS

Las baterías para una linterna pequeña son solo de 1.5 voltios, pero una batería de auto suele tener 12 voltios.

MEDIR LA ELECTRICIDAD

Además de los voltios, la electricidad se puede medir en amperios y vatios. Los amperios cuantifican cuán rápido la corriente fluye. La potencia eléctrica, o corriente que fluye debido a la fuerza del voltaje, se mide en vatios.

SI QUIERES SABER MÁS

Los focos solían medirse solo en vatios. Hoy, son más **eficientes** y los vatios no son la mejor manera de saber cuán brillantes serán. Ahora se utilizan las unidades llamadas *lúmenes* para indicarlo.

HACER
UN CIRCUITO

Para que la electricidad cumpla su función, debe recorrer una trayectoria circular llamada *circuito*. Se puede montar un circuito sencillo usando una batería. Un cable conecta un extremo de la batería, o polo, con carga positiva, y el otro con carga negativa.

SI QUIERES SABER MÁS

La corriente eléctrica se mueve del lado (polo) con carga negativa al lado (polo) con carga positiva.

Colocar algo en la trayectoria del circuito hará que la corriente eléctrica fluya a través de él. El objeto que se intercala en el circuito, como un foco, se llama *carga*. Uno sabe que la electricidad fluye cuando el foco se enciende.

INTERRUPTOR

BATERÍA

CARGA

SI QUIERES SABER MÁS

Los circuitos necesitan algo que haga ir más despacio o detenga el flujo de la electricidad, algo que "cierre" o "abra" el circuito: ese dispositivo se llama interruptor.

CENTRALES ELÉCTRICAS

Las centrales eléctricas se usan para crear, o generar, electricidad. Muchas queman fuentes primarias de energía para lograrlo: **combustibles fósiles** como el carbón o el gas natural. Eso convierte a la electricidad en una fuente de energía secundaria porque es el resultado de utilizar y aprovechar una fuente primaria.

SI QUIERES SABER MÁS

Algunas centrales utilizan energía solar, hidráulica (del agua) o eólica (del viento) para generar electricidad. También hay centrales **nucleares**.

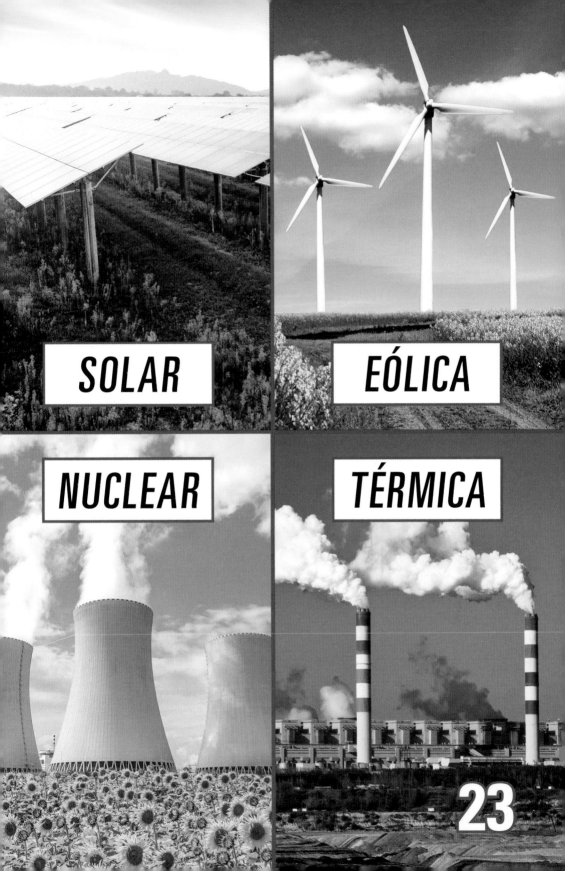

SOLAR

EÓLICA

NUCLEAR

TÉRMICA

23

En las centrales eléctricas, las fuentes primarias de energía hacen girar las **turbinas** o producen vapor, que hace girar las turbinas. Las turbinas están conectadas a unas enormes máquinas llamadas *generadores*. Estas máquinas producen electricidad mediante el uso de imanes que empujan los electrones por los cables, y así forman la corriente eléctrica.

SI QUIERES SABER MÁS

¡Los imanes también pueden producir electricidad! Esto se llama *electromagnetismo*.

EN MOVIMIENTO

Algunos materiales ayudan a que la electricidad se mueva, o fluya, mejor. Se llaman *conductores*. Estos materiales tienen átomos con electrones que se desplazan sin dificultades de un átomo a otro. Gran parte del cableado eléctrico se fabrica con cobre, un metal que es muy buen conductor.

SI QUIERES SABER MÁS

Los metales suelen ser buenos conductores. La mayoría de los otros tipos de materiales no lo son.

¡ALTO!

Los aislantes son materiales que evitan que la electricidad fluya. Los electrones no se mueven bien en aislantes, como el caucho y el plástico, que son aislantes comunes. ¡A menudo, estos recubren los conductores, como el alambre de cobre, para mantener a las personas a salvo de la corriente eléctrica!

SI QUIERES SABER MÁS

Los ohmios se usan para medir una propiedad llamada *resistencia*, que es la cantidad en la que algo ralentiza (hace ir más despacio) la corriente eléctrica.

29

FUNDAMENTOS DE
LA ELECTRICIDAD

El movimiento de los electrones entre los átomos es lo que causa la electricidad.

Los átomos están compuestos de tres partes: neutrones (sin carga), protones (carga positiva) y electrones (carga negativa).

Los cargas opuestas se atraen entre sí. Las cargas iguales se repelen.

La electricidad se puede medir en amperios, vatios y voltios, dependiendo de lo que se esté midiendo.

Se necesitan circuitos para que la electricidad funcione (fluya).

Los generadores pueden producir electricidad utilizando combustibles fósiles, energía nuclear u otros **recursos naturales.**

Los materiales conductores ayudan a que la electricidad se mueva. Los aislantes lo impiden.

30

GLOSARIO

antiguo: que se remonta muy atrás en el tiempo.

atraer: acercar.

combustible fósil: materia formada a lo largo de millones de años con restos de plantas y animales, y que se quema como fuente de energía.

eficiente: relativo a la manera más efectiva o decidida de hacer algo.

liberar: soltar, deshacerse de algo.

nuclear: relacionado con la fragmentación del núcleo del átomo, llamada *escisión*.

partícula: fracción diminuta de algo.

recurso natural: elemento de la naturaleza que podemos utilizar.

repeler: mantener alejado.

turbina: máquina que funciona por el movimiento del agua, el vapor de agua o el aire.

PARA MÁS INFORMACIÓN

LIBROS

Hamen, Susan E. *Who Invented the Light Bulb? Edison vs. Swan*. Minneapolis, MN: Lerner Publications, 2018.

Ives, Rob. *Fun Experiments with Electricity: Mini Robots, Micro Lightning Strikes, and More*. Minneapolis, MN: Hungry Tomato, 2018.

SITIOS DE INTERNET

40 Divertidos Experimentos de Ciencias en la web

www.scholastic.com/teachers/articles/teaching-content/40-cool-science-experiments-web/

Con ayuda de un adulto, prueba algunos de estos grandes experimentos de ciencias físicas y químicas para mostrar lo que has aprendido.

Nota del editor para educadores y padres: nuestro personal especializado ha revisado cuidadosamente estos sitios web para asegurarse de que sean apropiados para los estudiantes. Muchos sitios web cambian con frecuencia, por lo que no podemos garantizar que posteriores contenidos que se suban a esas páginas cumplan con nuestros estándares de calidad y valor educativo. Tengan presente que se debe supervisar cuidadosamente a los estudiantes siempre que tengan acceso al Internet.

ÍNDICE